AF357037

CATALOGUE
DES LIVRES

SUR

LES SCIENCES PHYSIQUES, CHIMIQUES, HISTOIRE NATURELLE, MÉDECINE, MATHÉMATIQUES, ASTRONOMIE, ET SUR LA LITTÉRATURE,

Quantité de minéraux, coquilles et instruments de physique et de chimie,

COMPOSANT LA BIBLIOTHÈQUE

DE FEU J. B. A. THILLAYE

Membre de la Légion d'honneur et de l'Académie impériale de médecine,
Ex-professeur du lycée Louis le Grand,
Ex-conservateur à l'Ecole impériale de médecine,
Ancien examinateur à la Sorbonne, etc.,

DONT LA VENTE AURA LIEU

Les Jeudi 10, Vendredi 11 et Samedi 12 mai 1860

A SEPT HEURES ET DEMIE DU SOIR

MAISON SILVESTRE

28, rue des Bons-Enfants, salle nº 2, au premier,

Par le ministère de Mᵉ **J. BOULLAND**, Commissaire-Priseur,

10, rue de la Monnaie.

PARIS

ANCIENNE MAISON SILVESTRE
CAMERLINCK, LIBRAIRE (SUCCESSEUR)
—
1860

SCIENCE ET ARTS

Philosophie et Morale.

7. DES FEMMES (défense des droits). *Paris*, 1792, 2 vol. in-8, br.

8. DICTIONNAIRE des gens du monde. *Paris*, 1770, 5 vol. in-12, rel. v.

9. ÉCONOMIE POLITIQUE. Droit, science et histoire. 35 vol. Dif. form. réunis.

10. EULER. Lettres sur la physique et la philosophie. *Paris*, 1789, 3 vol. in-8, rel. v.

11. FLAMMERANG (Mme de). De l'influence des femmes dans la société. *Paris*, 1826, in-12, br. — Conseils aux jeunes femmes sur le bonheur domestique, par H. de Molière. *Paris*, in-8, br. fig.

12. MONTAIGNE (M.) (Essais de). *Paris*, Tardieu, 1828, 6 vol. in-8, br. portr.

13. PASSIONS (Essai sur le caractère des). *La Haye*, 1748, 2 vol. in-12, br.

14. POPULATION (de la) dans ses rapports avec les gouvernements. *Paris*, Béchet, 1837, in-8, br.

15. REGNAULT. Tableau analytique de l'Esprit des lois de Montesquieu. *Paris*, 1824, in-fol. br.

16. SALINIS. De l'histoire de la philosophie. Paris, 1835, in-8, br.

Physique.

17. AEPINUS. Tentamen electricitatis theoriæ. *Petropoli, s. d.* (Essai sur la théorie de l'électricité.)

18. APPLICATION de l'électricité à la physique et à la médecine. *Amsterdam*, 1788, in-4, rel. v. pl.

19. BALLONS (l'art de faire soi-même les). L'art de voyager, description de la machine et autres. 5 vol. in-8. rel. fig.

20. BARRUEL. Programme du cours de physique. *Paris*, an VII, in-4, cart.

21. BARY. Problèmes de physique. *Paris*, 1838, in-8, pl.

22. BECCARIA (J. B.). De l'Électricité artificielle et naturelle. *Turin*, 1753, in-4, dem. rel.

23. BIOT. Sur les Réfractions extraordinaires qui ont eu lieu près de l'horizon. *Paris*, 1810, in-4, dem. rel., fig.

24. BIOT. Traité de physique expérimentale et mathématique. *Paris*, 1816, 4 vol. in-8, dem. rel., fig.

25. BIOT (J. B.). Traité de physique. *Paris*, 1821, 2 vol. in-8, br., pl.

26. BOYLE (Rob.) Opera varia (ses œuvres). *Genève*, 1677. 3 vol. in-4, rel. v., pl.

27. BRESSON. Pesanteur spécifique des corps. *Paris*, imp. royale, 1787, in-4, rel. v.

28. BRISSON. Dictionnaire de physique. *Paris*, 1781, 2 vol. in-4, rel. v., fig.

29. CARA. Principes des physiques. *Paris*, 1783, 4 vol. in-8, rel. v.

30. COLCESTRENSUS (Gilb.) Tractatus de magnet. magneticisque corporibus. *Sodini*, 1633 (Traité du magnétisme et des corps magnétiques), in-4, cart., pl.

31. COTTE. Mémoire sur la météorologie. *Paris*, imp. royale, 1788, 2 vol. in-4, rel. v., pl.

32. COULOMB. Mémoire sur l'électricité et le magnétisme. *Paris*, 1785, in-4, br., pl.

33. DESAGULIERS. Cours de physique expérimentale, trad. par Pezenas. *Paris*, 1751, 2 vol. in-4, rel. v. f., pl.

34. DESPRETZ. Traité de physique. *Paris*, 1832, in-8, br.. pl.

35. DESPRETZ. Traité de physique. *Paris*, 1836, in-8, br., fig.

36. ÉLECTRICITÉ, Galvanisme, par Aldini, Luc et Thillaye. 3 vol. in-8, rel.

37. FLUIDES (Expériences sur la résistance des). *Paris*, 1777, in-8, rel. v. fil., tr. dor., pl.

38. FRANKLIN (Œuvres de). *Paris*, 1773, 2 tom. en in-4, rel. v.

39. GRAVESANDE (J.). Élément. de physique démontrés mathématiquement. *Leyde*, 1746, 2 vol. in-4, cart., pl.

40. GRAVESANDE (S.). Physices elementa mathematica. *Leide*, 1748, 2 vol. in-4, cart., fig.

41. GUYOT. Récréations physiques et mathématiques. *Paris*, an VII, 3 vol. in-8, dem. rel., fig.

42. HAUY. Traité de physique. *Paris*, 1821, 2 vol. in-8, dem. rel., fig.

43. HUMBOLD. Expériences sur le galvanisme. *Paris*, an vii, in-8, rel. v., fil. dent., tr. dor., fig.

44. INGENS-HOUSE. Expériences de physique. *Paris*, 1789, 2 vol. in-8, rel., fig. — *Id.* sur les végétaux. *Paris*, 1780, in-8, rel. v., fig.

45. JACOTOT. Cours de physique. *Paris*, an ix, 2 vol. in-8 et atlas in-4, dem. rel.

46. KEILL (J.). Introduction à la physique et à l'astronomie. *Lyon*, 1739, in-4, rel. v., pl.

47. LAMÉ. Cours de physique. *Paris*, Bachelier, 1840, 3 vol. in-8. br., pl.

48. LIBES. Traité de physique. *Paris*, 1801, 3 vol. in-8, rel. v.. fig.

49. LUC (de). Recherches sur les modifications de l'atmosphère. *Paris*, 1784, 4 vol. in-8, rel. v., fig.

50. LUC (de). Introduction à la physique terrestre. *Paris*, 1803, 2 vol. in-8, dem. rel.

51. MAIRAN. Traité physique de l'aurore boréale. *Paris*, 1733, in-4, rel. v., fig.

52. MAISSIAT. Etudes de physique animale. *Paris*, 1843, in-4, br.

53. MARAT. Sur l'électricité. *Paris*, 1782, in-8, dem. rel., pl.

54. MARIOTTE (Œuvres de). *La Haye*, 1740, in-4, rel. v., fig.

55. MONGE, CASSINI, etc. Dictionnaire de physique. *Paris*, 1793, 4 vol. in-4 et atlas, dem. rel.

56. MUSSCHENBROEK. Essai de physique. *Leyde*, 1751, 2 vol. in-4, fig.

57. NEWTONI (Is.). Opuscula. *Lausanne*, 1744, 3 vol. in-4, rel. v., pl.

58. NOLLET. Physique, Art des expériences, Electricité. *Paris*, 1771-74, 12 vol. in-12, rel. v., fig.

59. OTTONES DE GUERICKE. Experimenta nova. *Amstelodami*, 1672, in-fol., rel. v., aux armes, jolies fig., bel exempl. (Expérience dite de Magdebourg sur le vide.)

60. PÉCLET. Traité de physique. *Paris*, 1832, 2 vol. in-8, br., fig.

61. PÉCLET. Traité de physique. *Paris*, Hachette, 1838, 2 vol. in-8 et atlas in-4, obl.

62. PIERRE. Exercices sur la physique. *Paris*, Bachelier, 1838, in-8, br.

63. PELLETAN. Traité de physique. *Paris*, 1829, 2 vol. in-8, br., pl.

64. PERSON. Eléments de physique. *Paris*, G. Baillière, 1836, 3 vol. in-8, br., fig.

65. POISSON ET PRONI. Sur l'équilibre des équations et du mouvement. *Paris*, 1800-1831, 2 vol. in-4, br.

66. PONCELET. La nature dans la formation du tonnerre et la reproduction des êtres vivants. *Paris*, 1766, 2 tom. en in-8, dem. rel., fig.

67. POUILLET. Eléments de physique et de météorologie. *Paris*, 1832, 4 vol. in-8, br., pl.

68. POUILLET. Eléments de physique. *Paris*, Bechet, 1837, 2 vol. in-8, fig.

69. PRIESTLEY (J.). Histoire de l'électricité. *Paris*, 1771, 3 vol. in-12, rel. v., tr. dor., fig.

70. ROZIER. Observations sur la physique, l'histoire naturelle et les arts. *Paris*, 1778, 2 vol. in-4, dem. rel.

71. SAGGI. Di naturali ezperienze (Traité des expériences dans les sciences naturelles). *In Firense*, 1691, in-fol., rel. vel., fig.

72. SANTANELLO (Ouvrages physiques et mécaniques du D^r). *Venise*, 1698, in-4, rel. vel. (Texte latin.)

73. SAUSSURE (de). Sur l'hygrométrie. *Neuchatel*, 1783, in-4, dem. rel.

74. SHARPE (J.) (Les petites aventures de). *Bruxelles*, 1789, in-8, rel., fig. — *Du même*. Testament de Jérôme. *Paris*, 1786, in-8, rel. v., pl. — *Du même*. Codicille, in-8, br.

75. SIGAUD DE LA FOND. Cours de physique expériment. et mathématiques. *Paris*, 1769, 3 vol. in-4, rel. v., fig.

76. SIGAUD. Dictionnaire de physique. *Paris*, 1781, 5 vol. in-8, rel. v., fig.

77. SIGAUD. Eléments de physique. *Paris*, 1787, 4 vol. in-8, rel.

78. SUE. Histoire du galvanisme. *Paris*, 1802, 2 vol. in-8, dem. rel.

79. SWINDEN. Analogie de l'électricité et du magnétisme. *La Haye*, 1785, 3 vol. in-8, dem. rel., fig.

79 *bis*. THOUVENEL. Mémoire sur l'aérologie et l'électrologie. *Paris*, 1806, 3 vol. in-8, br., pl.

80. TRESSAN (de). Essai sur le fluide électrique. *Paris*, 1786, 2 vol. in-8, rel. v.

Mélanges.

81. ÉLECTRICITÉ, optique, mécanique. 20 vol. in-8, rel. et br. réun.
82. ÉLECTRICITÉ (Traité et Essai d'), par Boulanger Cavallo, Haüy et Lacépède ; ens. 4 vol. in-8, rel.
83. ÉLECTRICITÉ (sur l'). 20 vol. in-12, rel. et br.
84. MALUS. Théorie de la double réfraction de la lumière. *Paris*, 1810, in-4, dem. rel.
85. PHYSIQUE (25 br. et vol. sur la).
86. PHYSIQUE, Principes (Traité de). 19 vol. in-8, rel. et br.
87. PHYSIQUE (31 vol. et br. in-8 sur la).
88. PHYSIQUE, Éléments, Expériences (Traités de). 22 vol. in-12, rel. et br. réun.
89. RORET. Manuel de physique, géométrie, algèbre, etc., 6 vol. in-18, br., fig.
90. RORET. Manuel des produits chimiques et galvanoplastie ; ens. 6 vol. in-18, br., pl.
91. THILLAYE. Essai sur l'emploi médical de l'électricité et du galvanisme. *Paris*, 1803, 23 exempl. in-8, br.

Chimie.

92. ANNALES de Chimie et de physique, par Gay-Lussac et Arago (F.). 1833-34, 24 livr. in-8, br.
93. BERZELIUS. Des Proportions chimiques. *Paris*, 1819, in-8, br.
94. BOUCHARDAT. Cours de chimie. *Paris*, 1835, G. Baillière, 2 vol. in-8, br.
95. CHIMIE ET PHYSIQUE. 16 vol. réun. in-12, rel. et br.
96. CHIMIE. 15 br. et vol. in-8.
97. CHIMIE, Pharmacie. 12 vol. in-8, rel.
98. DESPRETZ. Éléments de chimie. *Paris*, 1830, 2 vol. in-8, br., pl.

99. GUÉRIN-VARY. Éléments de chimie. *Paris*, 1840, in-8, br., pl., fig.

100. LAGRANGE. Manuel de chimie. *Paris*, 1801, 3 vol. in-8, rel. v., pl.

101. LUC (DE). Recherches sur les modifications de l'atmosphère. *Genève*, 1772, 2 vol. in-4, rel. v., fig.

102. MACQUER. Dictionnaire de chemie. *Paris*, 1788, 4 vol. in-12, rel.

103. MARUM (VAN). Description de quelques expériences et appareils de chimie. *Harlem*, 1798. — Traité de l'électricité; ens. 4 vol. in-4, br., pl.

104. THÉNARD. Traité de chimie. *Paris*, 1824, 5 vol. in-8, dem. rel., fig.

105. THÉNARD. Traité de chimie. *Paris*, Crochart, 1827, 5 vol. in-8, br., fig.

106. THOMPSON (TH.). Principes de la chimie établis par les expériences. *Paris*, Crevol, 1825, 2 vol. in-8, br.

HISTOIRE NATURELLE

Géologie, Botanique, Agriculture.

107. ANNUAIRE des eaux de la France pour 1851-54. *Paris*, imp. nat., 1851-54, 3 vol. in-4, br. — Sur le service médical des établissements thermaux, par le dr Patissier, 1852, in-4, br.

108. BAILLY. Manuel du jardinier. *Paris*, Roret, 2 vol. in-18, dem. rel., fig.

109. BERNOULLI. De motu animalium. *Naples*, 1734, 2 part. en 1 vol. in-4, rel. v. (Mouvement des animaux.)

110. BOTANIQUE de Linné et autres, 4 vol. in-8, rel., fig.

111. BOTANIQUE (10 vol. et br. sur la). In-4 et in-8, rel. et br.

112. BOTANIQUE et eaux minérales. Recueil de 11 br. in-8.

113. BUFFON. Histoire naturelle, rédigée par Sonnini. 129 vol. in-8, cart., fig. n.

114. CUVIER. Le règne animal. *Paris*, Deterville, 1829, 5 vol. in-8, dem. rel., fig. n.

115. DUMÉRIL. Éléments d'histoire naturelle. *Paris*, 1807, 2 vol. in-8, dem. rel., fig.

116. EAUX MINÉRALES (Traité, rapport historique sur les). 21 vol. et br.

117. EAUX MINÉRALES, Statistique. 13 br. in-8.

118. FABREGOU. Description des plantes des environs de Paris. *Paris*, Gessey, 1740, 6 vol. in-8, rel.

119. FLORE ET BOTANIQUE de Dalibart, Linné, Ségur, 4 vol. in-8 et in-12, fig.

120. FLORE MÉDICALE. 25 cahiers in-fol., fig. col., réun. dans 1 cart.

121. HALES. La Statique des animaux. *Genève*, 1744, in-4, rel. v. — BARTHEZ. Des Mouvements de l'homme et des animaux, 1798, in-4, br.

122. HAUY. Traité de minéralogie. *Paris*, 1801, 4 vol. in-8 br. et atlas in-4.

123. HISTOIRE NATURELLE. Ouvrages de Lamark (Nicolas), Nyelen. Des vers à soie, etc, 5 vol. in-8, br., fig.

124. LÉPIDOPTÈRES ou papillons. Fig. col. réunies dans un cahier in-fol.

125. LINNÉ. Revue générale des écrits de Londres. 1789, 2 vol. in-8, rel. v.

126. MANUEL DE L'AMATEUR DE CAFÉ. *Paris*, 1790, 2 part. en in-12, br.

127. MINÉRAUX. Recueil de planches noires et en couleur dans un cahier in-fol.

128. NEUFCHATEAU (Fr.). Dictionnaire d'agriculture pratique. *Paris*, Boulland, 1833, 2 vol. in-8, fig.

129. ORIGINE des découvertes attribuées aux modernes. *Paris*, 1776, 2 tom. en in-8, rel. v.

130. PAUCTON. Métrologie, ou Traité des mesures, poids et monnaies. *Paris*, 1780, in-4, rel. v.

131. PHYSIOLOGIE (15 vol. et br. in-8 sur la).

132. RICHARD. Histoire naturelle de l'air et des météores. *Paris*, 1770, 10 vol. in-12, rel. v.

133. SENEBIER. De la lumière solaire dans la végétation. *Genève*, 1788, in-8, br.

Médecine.

134. ALIBERT. Monographie des thermatoses ou des maladies de la peau. *Paris*, Germer Baillière, 1835, in-4, cart., fig. — Atlas des maladies de la peau. Clinique de l'hôpital Saint-Louis. *Paris*, 1834, in-fol., fig. col.

135. AMUSSAT. Sur les rétentions d'urine. *Paris*, 1832, in-8, br., fig.

136. AMUSSAT. Mémoires sur les tumeurs, sur la rétroversion de la matrice, sur l'introduction de l'air dans les veines. *Paris*, 1839-43, 3 vol. in-8, br.

137. BAILLARGER. Du système nerveux. *Paris*, Masson, 1847, in-8, br.

138. BALLY. De la maladie asiatique. *Paris*, 1855, in-8, br.

139. BOERHAAVE. Herm. Inst. de médecine. *Paris*, 1743, 8 vol. in-12 rel., v. f.

140. CHOLÉRA-MORBUS (Rapport sur le). *Paris*, Imprimerie royale, 1834, in-4, br.

141. DELEAU. Sur les maladies de l'oreille. *Paris*, G. Baillière, 1838. in-8, br., fig.

142. ENCYCLOPÉDIE méthodique de médecine, publiée par Vicq d'Azyr. *Paris*, 1787-1830, 13 vol. in-4, rel. et cart. (manque tom. IX).

143. FABRÉ-PALAPRAT. Du galvanisme appliqué à la médecine. *Paris*, 1828, in-8, br.

144. FERUSSAC. Bulletin des sciences médicales. *Paris*, 1824-30, 23 vol. in-8, dem. rel.

145. FOURCROY. La Médecine éclairée. *Paris*, 1792, 4 vol. in-8, rel. v.

146. HODGSON. Des Maladies des artères et des veines. *Paris*, 1819, 2 vol. in-8, br.

147. HUSSON. Recherches et rapports sur la vaccine. *Paris*, 1803, 2 vol. in-8, br.

148. JOBERT (de Lamballe). Études sur le système nerveux. *Paris*, 1838, 2 vol. in-8, br.

149. LACHAISE. De la colonne vertébrale. *Paris*, 1827, in-8, br., fig.

150. LEGALLOIS (Œuvres de). *Paris*, 1830, 2 vol. in-8, br.

151. LYONNET. De l'origine des hernies. *Paris*, Masson, 1847, in-8, br., fig.

152. MALGAINE. Sur les hernies. *Paris*, 1841, in-8, br.

153. MÉDECINE. Maladies épidémiques, traitement des déviations, etc. *Paris*, 1826, 3 vol. in-8.

154. MÉDECINE (4 vol. in-8, br., sur la).

155. PARENT-DUCHATELET et MARTINET. Sur l'enflammation de l'arachnoïde. *Paris*, 1821, in-8, br.

156. PARIZET et MAZET. Observations sur la fièvre jaune. *Paris*, Audot, 1820, in-4, cart., fig. color.

157. PECHLINI (N.). De aeris et alimenti defectu et vita sub aquis. *Kiloni*, 1676, in-12, rel. vel.

158. PERRÈVE (V.). Traité des rétrécissements organiques de l'urètre. *Paris*, J. B. Baillière, 1847, in-8, br.

159. RENAULT. Gangrène tromatique. *Paris*, Bechet, 1840, in-8, br.

160. REVEILLER-PARISE. De l'homme dans l'état de santé et de maladie. *Paris*, 1845, 2 vol. in-8, br.

161. RICHOND DES BRUS. De la non-existence du virus vénérien. *Paris*, Delaunay, 1826, 3 vol. in-8, br.

162. ROCHOUX. Recherches sur les différentes maladies qu'on appelle fièvre jaune., *Paris*, 1828 in-8, br.

163. SCHÉDEL et ALPHÉE CAZENAVE. Maladies de la peau. *Paris*, Labe, 1847, in-8, br., fig. col.

164. SCIENCES MÉDICALES (Dictionnaire des). *Paris*, 1812-22, 59 vol. in-8 demi-rel., avec les port.

165. SCIENCES MÉDICALES (Journal compl. du Dictionnaire des). *Paris*, 1818-23, 15 vol. in-8, demi-rel. pl. les tom. XVI, XVII, XVIII, XIX complets. 2 liv. du tom. XX, in-8, br., port.

166. SWEDIAUR. Traité compl. des maladies syphilitiques. *Paris*, 1835, 2 vol. in-8 br.

167. THIL-AYE et BAYLE. La Médecine pittoresque. *Paris*, 1837, 4 tom. rel. en 2 vol. in-4, dem. rel., fig. n.

Anatomie. — Chirurgie.

168. ANATOMIE (16 vol. et br. in-8, sur l').

169. ART DU DENTISTE. 14 vol. et br. in-8.

170. BANDAGES (Traité des). Par Thilaye (J. B.). *Paris*, 1798 et 1815, 2 vol in-8 rel. et br., pl.

171. BAUDELOCQUE. L'art des accouchements. *Paris*, 1796, 2 vol. in-8, rel. v., fig.

172. BERTIN. Traité d'ostéologie. *Paris*, 1764. 4 vol. in-12, rel., fig.

173. BEUGNOT et THILLAYE. Dictionnaire usuel de chirurgie et de médecine vétérinaire. *Paris*, 1836, 2 vol. in-8, dem. rel., fig.

174. BLANDIN. Des accidents pendant les opérations chirurgicales. *Paris*, 1841, in-4, br.

175. BULLETIN de la Société anatomique. *Paris*, 1841-46. (Manque III à VIII et XIXe années). 14 vol. in-8, br.

176. CROISSANT. Opérations de chirurgie. *Paris*, 1741, 3 vol. in-12, rel. v., fig.

177. CROISSANT. Miotomie humaine et canine. *Paris*, 1750, 2 vol. in-12, rel.

178. CUVIER. Leçons d'anatomie. *Paris*, 1800. 5 vol. in-8, br., pl.

179. DUPUYTREN (Muséum d'anatomie pathologique de). *Paris*, Bechet et Labé, 1842, 2 vol. in-8 br., atlas in-fol., br.

180. GERDY. Traité des bandages et appareils de pansement. *Paris*, 1826, in-8, br.

181. HERBINIAUX. Traité sur les accouchements. *Bruxelles*, 1791, 2 vol. in-8, rel., fig.

182. JALADE-LAFOND. Hernies et bandages. *Paris*, 1822, 2 vol. in-8, br., fig.

183. LAFORGUE. L'Art du dentiste. *Paris*, 1802, in-8, br., fig.

184. MAURY. Traité de l'art du dentiste. *Paris*, 1828, 1 vol. et atl., in-8, br.

185. PERRET (J. J.) L'Art du coutelier expert en instruments de chirurgie. *Paris*, 1772, in-fol., dem. rel., fig.

186. TABLEAU anatomique. 5 pl. in-fol.

187. THILLAYE (J. B.). Traité des bandages. *Paris*, 1808, in-8, m. r. fil., pl., tr. dor. (Aux armes d'Autriche.)

188. VERNHES. Sur le diopte ou speculum. *Paris*, Labé, 1848, in-8, br., fig.

Physiologie.

189. HIERONYMI CARDANI MEDIONALENSIS. De subtilitate. *Lyon*, 1530, 2 vol. in-8, rel. v. — Jer. cardin. (De l'impressionnabilité.)

190. LAVATER (Gasp.). L'Art de connaître les hommes par la physionomie. *Paris*, de Pelafolle, 1820, 10 vol. in-8, cart., n. rog., fig. (Bel exemplaire.)

191. LECAT. Traité des sensations et des passions. *Paris*, 1767, 3 vol. in-8, rel., fig. — *Du même*. Traité de la couleur de la peau humaine, en général de celle des nègres. *Amsterdam*, 1755, rel. v., fig. — *Du même*. Traité du fluide des nerfs et sur la sensibilité. *Berlin*, 1765, in-8, rel. v., fig.

192. LEVY (M.). Traité d'hygiène. *Paris*, J. B. Baillière, 1850, 2 vol. in-8, br.

193. MAGENDIE. (Physiologie de). *Paris*, 1816, 2 tom. en 1 vol. in-8, dem. rel. — *Du même*. Journal de physiologie. 1821, 4 livr. — *Du même*. Phénomènes physiques de la vie. *Paris*, 1836, in-8, br.

194. MIALHE. Chimie appliquée à la physiologie et à la thérapeuthique. *Paris*, V. Masson, 1856, in-8, br.

195. PAVET. Hygiène des colléges. *Paris*, 1827, in-8, br.

196. PHYSIOLOGIES de Housset, Legallois. Nysten. 4 vol. in-8, rel., fig.

197. ROLLIN. De la conservation des enfants. *Paris*, 1768, 4 part. en 2 vol. in-12, dem. rel. (Frontispice de Gravelot.)

198. SULZER. Théorie des plaisirs. 1767, in-12, rel. v.

Mélanges, Revues, etc.

199. ALFORT (Règlement de l'école d'). *Paris*, Impr. roy. 1777., in-8, br.

200. BOISSIER (fr.). Nosologie méthodique. *Lyon*, 1772, 10 vol. in-12, dem. rel.

201. BROCHURES DIVERSES sur l'école de médecine et Catalogues.

202. BULLETINS DE L'ACADÉMIE de médecine. *Paris*, J. B. Baillière, 1836-53. 18 vol. in-8 en livr. (Manque peu de numéros.)

203. BULLETIN de l'école de médecine. *Paris*, 1812-20. 7 vol. in-8, dem. rel.

204. CAP (P. A.). Précis élémentaire de pharmaceutique. *Paris*, J. B. Baillière, 1837, in-8 br.

205. CHERVIN, LOUIS et TROUSSEAU. Documents pour observer l'épidémie de 1828 à Gibraltar. *Paris*, impr. roy., 1830, 2 vol. in-8, br., fig.

206. CHEVAUX MORTS (Recherches sur l'enlèvement et l'emploi des). *Paris*, 1827, in-4, br., fig.

207. CHOLÉRA-MORBUS (notes et traitement du). 24 vol et br. in-8.

208. DEBRAUX. Table générale des thèses de médecine. *Paris*, Didot, 1816, 2 vol. in-4, dem. rel.

209. DELAFOND. Traité sur la maladie de sang des bêtes bovines. *Paris*, Labé, 1848, in-8, br.

210. ÉCOLE DE MÉDECINE (Séances de l'). *Paris*, Didot, 1809-37. 13 br. in-4.

211. FACULTÉ DE PARIS. Séances publiques depuis 1799 à 1811. In-4, dem. rel.

212. GUÉRIN. Rapport sur les traitements orthopédiques de 1843 à 1845. *Paris*, 1848, in-fol., br.

213. JOURNAUX de médecine.

214. MATRICE. 11 br. in-8 sur les maladies de la matrice.

215. MÉDECINE. 74 vol. et br. in-8 (sur la).

216. MÉDECINE. Recueil de 69 vol. et br. in-8 (sur la).

217. MÉDECINE ET ANATOMIE. 25 vol. et br. gr. in-8.

218. MÉDECINE. Recueil de 35 vol. et br. in-8 (sur la).

219. MÉDECINE. 24 vol. et br. in-8 (sur la).

220. MÉDECINE. 50 vol. et br. in-8 (sur la).

221. MÉDECINE (60 br. et vol. sur la).

222. MÉDECINE, anatomie, opérations, chirurgie. 14 vol. in-8 et in-12, rel. et br.

223. MÉDECINE (22 vol. in-12 rel. et br. sur la).

224. MÉDECINE, mélanges et autres. 16 vol. in-8, rel. et br.

225. MÉDECINE. Traité, essai, guide sur la médecine. 20 vol. in-8 et br.

226. MÉDECINE et autres. 14 br. in-4.

227. MÉDECINE (recueil de 30 vol. et br. sur la).

228. MEDECINE (recueil de 65 vol. et br. in-8 sur la).

229. MEDECINE (recueil de 43 br. sur la).

230. MEDECINE et autres. 25 br. et vol. in-8.

231. MEDECINE, électricité, et autres. Recueii de br. réun. en 5 vol. in-8, dem. rel.

232. MEDECINE. 21 vol. et br. in-8 sur la).

233. MEMOIRE à consulter, pour M. J. Guerin. *Paris*, 1844, in-4, br.

234. MEMOIRES DE MEDECINE, dont 10 sur les difformités du système osseux, par le Dr J. Guerin, 2 sur la myotomie rachidienne. 1838-45, 12 br. in-8, pl.

235. PHARMACOPEES française et latine, par Halley. Leroux, etc. *Paris*, 1818, 2 vol. in-4, rel. *Item*, par Quincy. *Paris*. 1749, in-4, cart. Ens. 3 vol. in-4.

236. PRUS (D^r). Sur la peste et les quarantaines. *Paris*, J. B. Baillière. 1846, in-8, br.

237. RAPPORTS et thèses de médecine. 14 br. in-4.

238. RAPPORTS sur la médecine, notices sur les médecins 41 br. in-4, portr.

239. RECUEIL de rapports sur la vaccine, de 1806 à 1849. *Paris*, imp. nat., 27 vol. in-8 et br.

240. REVUES, journaux, traités de médecine, 51 br. in-8.

241. THÈSES. Collection sur la médecine physique, etc. De l'an VII à l'an XII ; 407 thèses réunies en 41 volumes in-8. dem. rel.

242. THÈSES du concours. 15 br. in-4, 1829-1830.

243. THILLAYE. Catalogue des collections de la Faculté de médecine de Paris (matière médicale). *Paris*, Bechet, 1829, in-8, br.

244. THÈSES (Recueil de). 26 br. in-4.

245. THÈSES. Recueii de 14 thèses du concours. 14 br. in-4.

246. VACCINE (Réflexions et rapport sur la). 5 vol. rel. et br.

Mathématiques.

247. ALEMBERT (Œuvres de d'). *Paris*, 1761, 11 vol. in-4, rel. v., pl.

248. ALEMBERT (d'). Tr. de dynamique. *Paris*, 1796, in-4, br., fig.— Venturi, sur les ouvr. physico-mathématiques de Léonard de Vinci. *Paris*, 1797, in-4, cart., fig.

249. ALEMBERT, Bossut, etc. (Mathématiques de d'). *Paris*, 1784, 3 vol. in-4 et atlas, dem. rel.

250. BERNOULLI (J.). Opera omnia. *Lausanne*, 1742, 4 vol. in-4, rel. v., pl.

251. BEZOUT (Ouvrages de). *Paris*, 1799, 5 vol. in-8, rel., vél.

252. BOSSUT. Histoire des mathématiques. *Paris*, 1810, 2 vol. in-8, dem. rel.

253. BOSSUT (Mathématiques de). *Paris*, 1800, 3 vol. in-8, dem. rel.

254. CALLET (Fr.). Tables de logarithmes. *Paris*. Didot, 1815, in-8, rel. v.

255. CHASTELLET (M. du). Principes mathématiques. *Paris*, 1759, 2 vol. in-4, rel. v. pl.

256. COUSIN. Leçons de calcul différentiel. *Paris*, 1777, 2 vol. in-8, br.

257. DESCARTES (Œuvres complètes). *Amsterdam*, 1683 à 1704, 9 vol. in-4, rel., vél., fig. (édition latine) Bel exemplaire.

258. EULER. Eléments d'algèbre. *Lyon*, 1774, 2 vol. in-8, rel. v.

259. GRAVESANDE. Œuvres et mathématiques. *Amsterdam*, 1774, 2 part. en in-4, rel. v , pl.

260. JOURNAL de l'Ecole polytechnique. *Paris*, 1793-1815. 17 cahiers réun. en 7 vol. in-4, dem. rel., pl.

261. LACROIX. Algèbre, calcul différentiel. *Paris*, 1806, 3 vol. in-8, br., pl.

262. LIONNET (E.). Eléments de géométrie. *Paris*, Dezobry, 1841, 6 livr. in-4, br.

263. METROLOGIES constitutives et primitives. *Paris*, 1801, 2 tom. en in-4, dem. rel.

264. MONTUCLA. Histoire des mathématiques. *Paris*, 1758, 2 vol. in-4, rel. v., pl.

265. NEWTON. Arithmétique universelle. *Paris*, 1802, **2** tom. en in-4, dem. rel.

266. NEWTONO (Is.). Philosophæ naturalis principia mathematica. *Genève*, 1743, 3 vol. in-4, rel. v., pl.

267. TABLES de logarithmes. P*aris*, 1781, in-12, rel. v.

Astronomie.

268. ANNUAIRE du bureau des longitudes. P*aris*, 1819-1859, 25 vol. in-18, br.

269. ASTRONOMIE (Traité d'). 7 vol. in-8, rel. et br.

270. BERTHOLON. De l'électricité des météores. P*aris*, 1787, 2 vol. in-8, dem. rel. fil. — *Du même.* De l'électricité du corps humain. P*aris*, 1786, 2 vol. in-8, rel., fig.

271. BIOT (J. B.). Traité d'astronomie physique. *Paris*, Bachelier, 1841, in-8, br. (tom. 1ᵉʳ, avec atlas in-4, br.)

272. BLONDEL. Histoire du calendrier romain. *La Haye*, 1684, in-12, rel. v., pl.

273. BURCKHARDT. Tables de la lune. P*aris*, 1812, in-4, br.

274. CONNAISSANCE DES TEMPS pour 1804-13-14-15.

275. COTTE. Traité de météorologie. *Paris*, imp. royale, 1774, in-4, rel. v., pl.

276. FORTIN. Atlas celesti flamsteed. P*aris*, 1776, in-4, dem. rel.

277. KALENDARIUM, numerum non gentis annis antiquius. Paris, 1652, in-8, br.

278. LALANDE (Astronomie de). P*aris*. 1781, 4 vol. in-4, rel. v.

279. LAPLACE. Traité de mécanique céleste. *Paris*, 1805, 4 v. in-4, dem. rel., pl.

280. PINGRÉ. Cometographie, ou Traité des comètes. *Paris*, imp. royale, 1784. 2 vol. in-4, rel. v., pl.

281. THILORIER. Système universel. *Paris*, 1815, 4 vol. in-8, br.

Mécanique et Optique.

282. BOSSUT. Traité d'hydrodynamique. *Paris*, 1786, 2 vol. in-8, dem. rel., fig.

283. DU BUAT. Principes d'hydraulique. P*aris*, 1786, 3 vol. in-8, dem. rel., pl.

284. GULIELMINI Dominici opera omnia. *Genève*, 1719, 2 vol. in-4, rel. v., fig.

285. JANVIER ANTIDE. Des révolutions des corps célestes par le mécanisme des rouages. *Paris*, Didot, 1812, in-4, br., fig.

286. LA CAILLE (de). Traité d'optique. *Paris*, 1760, in-4, rel. v., pl.

287. MÉCANIQUE et électricité mem. physiques, 18 vol. in-8, rel. et br.

288. MÉCANIQUE, optique, etc., par Lacaille, Lamy et autres; ens. 7 vol. in-8 et in-12, rel.

289. NEWTON (Optique de). *Paris*, 1787, 2 vol. in-8, dem. rel., pl.

290. OPTIQUE, Dioptrique et autres. 6 vol. in-4, rel. et br.

291. SMITH (Rob.). Cours d'optique. *Avignon*, 1767, 2 vol· in-4, rel. v., pl.

292. TRABAUD (Œuvres de). *Paris*, 1743, 4 vol. in-8, rel. v., fig.

Arts et Métiers, Beaux-Arts.

293. ARTS ET MANUFACTURES. 19 vol. et broch. in-8 et in-12.

294. ARTS INDUSTRIELS. 23 broch. in-8.

295. BORGNIS (J.). Traité complet de mécanique appliquée aux arts. *Paris*, Bachelier, 1818, 8 vol. in-4, dem. rel., pl.

296. CAMPER (P.). Dissertations physiques des traits du visage. *Utrecht*, 1791, in-4, br., fig.

297. COURTIN. Encyclopédie moderne, ou Dictionnaire des sciences, des lettres et des arts. *Paris*, 1832, 24 vol. in-8 et 2 vol. d'atlas, rel. et br.

298. EXPOSITION de 1819. 2 vol. in-8, br.

299. HACHETTE. Traité des machines. *Paris*, 1811, in-4, dem. rel., pl.

300. MUSIQUE (Sur la), par Alembert Bethizy, surmain. *Paris*, 1764-93, 3 vol. in-8, rel.

301. TAYLOR. Manuel de sténographie. *Paris*, *an XII*, in-4, cart., fig.

302. TRAVAUX des sociétés des sciences de Nancy et Mâcon. 11 vol. et broch. in-8.

BELLES-LETTRES

Linguistique.

303. ARNAO (V.-G.). Diccioniaro de la academia hespanola. *Paris,* 1826, 2 vol. in-8, br.

303 *bis.* BOYER. Dictionnaire français-anglais et anglais-français. *Londres,* 1773, 2 vol. in-4, rel. v.

304. BRUZEN DE LA MARTINIÈRE. Dictionnaire géographique, historique et critique. *Paris,* 1768, 6 vol. in-fol., rel. v.

305. CLASSIQUES latins et français, dont Manuel du baccalauréat, Dictionnaire des synonymes, Virgile, Térence et autres. Ensemble 60 vol., divers formats.

306. DELAVIGNE. Manuel des aspirants au baccalauréat ès lettres. *Paris,* 1842, 2 vol. gr. in-12, rel. v. fil., tr. dor.

307. DELAVIGNE. Manuel pour le baccalauréat, physique et chimie. *Paris,* 1842, 8 exempl., in-12, cart.

308. DICTIONNAIRE de l'Académie française. *Paris,* 1811, 2 vol. in-4, rel.

309. DICTIONNAIRES français, italiens, latins, etc. 10 vol. in-4 et in-8, rel. et br.

Poëtes grecs et latins.

310. ANACRÉON. (Odes d'), trad. Vaissier des Combes. *Paris,* Duprat, 1839, in-8, br.

311. BARCLAII (J.) Satyricon. *Lyon,* Elzev., 1637, in-12, rel. v. (Poëme satirique de Barclaius).

312. CICÉRON. De la vieillesse. *Paris,* 1691, in-8, rel.; et Properce, in-12, br.

313. HORACE, traduit par L. Duchemin. *Paris*, Hachette, 1846, 2 vol. in-8, br.

314. SOPHOCLE, traduit en français par Bellaguet. *Paris*, 1844, 5 vol. in-12, br.

315. TÉRENCE (les Comédies de), traduites par Lemonnier. *Paris*, 1771, 3 vol in-8, rel. v., fig. de Cochin.

316. VIRGILE (Œuvres de), trad. par M. de Marolles. *Paris*, 1649, in-fol., rel. v., fig.

Poésie française.

317. BERTIN (Œuvres de). *Paris*, Roux Dufort, 1824, in-8, br., fig.

318. BRESSON (Eugène). Lord Leade, poëme. *Paris*, 1838, in-8, br.

319. CHAULIEU(Œuvres de). *La Haye*, 1774, 2 vol. in-8, rel. v.

320. POÉSIE ancienne et moderne. 17 vol., diff. form., rel. et br.

321. PORTEFEUILLE d'un homme de goût. *Amsterdam*, 1765, 2 vol. in-12, rel.

322. POÉSIES de Marchangy. Le Bonheur, Manheim, l'Anti Lucrèce, l'Art iatrique. Ens. 3 vol. in-8 et in-12, fig.

323. REGNIER (Œuvres de). *Genève*, 1777, 2 vol. form. Cazin.

Fictions en prose,

ROMANS, FACÉTIES, CRITIQUE, BONS MOTS, ETC.

324. ARNAUD (Œuvres d'). *Paris*, Legeay. Réunies en 5 vol. in-8, rel. mar. r., tr. dor. fil (fig. d'Eisen).

325. BOCCACE (Nouvelles de), par Mirabeau. *Paris*, 1802, 8 vol. in-12, dem. rel., fig.

326. BOURSAULT (Lettres nouvelles de). *Paris*, 1738, 3 vol. in-12, rel. v.

327. BOYELDIEU. Alandor et Floretta. *Paris*, 1801, in-8, br.

328. CADIÈRE (Mlle). (Sur les prét. contradict. que le P. Girard oppose à). In-12, rel. v.

329. CALOTTE (Mém. pour servir à l'histoire de la). *Moropolis*, 1739, pet. in-12, rel. v.

330. CERVANTES (M.). Histoire de don Quichotte de la Manche, trad. par Filleau de Saint-Martin ; notice, par P. Mérimée. *Paris*, Sautelet, 1826, 6 vol. in-8, dem. rel.

331. CONTES MOGOLS. Les Sultanes de Suzarate. *Paris*, 1732, 3 vol. in-12, rel. v.

332. GALLAND. Les Mille et une Nuits. *Paris*, 1834, 6 vol. in-8, br.

333. GUY-PATIN (Lettres de). *La Haye*. 1707, 3 vol. in-12, rel. v.

334. HISTOIRES, Romans et autres, dont recueil choisi de bons mots. — Gaités d'un bâtard de Mirabeau ; amusements sérieux et comiques ; ens. 40 vol. et br. de différents formats.

335. LANTIER. Contes en prose et en vers. *Paris*, 1801, 3 vol. in-18, dem. rel., fig.

336. LE SAGE (Œuvres de), contenant Gil Blas, Estevanille Gonzalès, théâtre, etc. *Paris*, 1821, 14 vol. in-12, rel. bas., fig.

337. LES TÊTES FOLLES et les Amours de Rhodante et de Dosiclaise. *Londres*, 1746-53, réun. en in-12, rel. v., fig.

338. LOTERIES (Dissertation sur les). 1782, in-12, rel.

539. MARMONTEL. Contes moraux. *Paris*, 1770, 5 vol. in-12, rel.

340. MILLE et un Quart d'heures (les). *Paris*, 1753, 3 vol. in-12, rel. v.

341. MON RADOTAGE et celui des autres. 1760, in-12, br.

342. MORIN (M.) et la Ligue, traduit par Audin. *Paris*, 1818, in-8, br.

34 ·çRETIF DE LA BRETONNE. La Mimographie, pour la réforme du théâtre. — Le Pornographe: sur un projet de réglement pour les prostituées. *La Haye*, 1769, 2 vol. in-8, rel.

Polygraphes français.

344. BERNARD (Œuvres de). *Paris*, 1803, 2 vol. in-8, dem. rel.

345. BERNARDIN DE SAINT-PIERRE, mis en ordre par Aimé
   Martin. *Paris*, Lefebvre, 1833, 2 vol. gr. in-8, dem.
   rel. v., portr.

346. BOILEAU DESPREAUX (Œuvres complètes de). *Paris*,
   1819, 3 vol. in-8, rel.

347. COMEDIENS (Mémoires des plus célèbres). *Paris*, Baudoin,
   1823, 14 vol. in-8, br.

348. CONDILLAC (Œuvres complètes de). *Paris*, 1798, 23 vol.
   in-8, v. r. fil.

349. CREBILLON (Œuvres de). *Paris*, Didot, 1812, 3 vol. in-8,
   dem. rel.

350. DESTOUCHES (Œuvres dramatiques de). *Paris*, 1763,
   10 vol. in-12, rel. v.

351. DORAT (Œuvres complètes de). Jolies fig. d'Eisen. *Paris*,
   1792, 20 tom. en 11 vol. rel. v. rac.

352. FONTENELLE (Œuvres de). *Paris*, 1766, 11 vol. in-12,
   demi rel.

353. LA FONTAINE (Œuvres de), revues par Walkenaer. *Paris*,
   Lefebvre, 1822, 6 vol. in-8, dem. rel. fig.

354. LA HARPE. Cours de littérature ancienne et moderne.
   Paris, Firmin Didot, 1822, 16 vol. in-8, dem. rel.

355. MAURY. Essai sur l'éloquence de la chaire. *Paris*, 1827,
   3 vol. in-8, br.

356. MELANGES littéraires et scientifiques. 21 broch. in-8.

357. MOLIÈRE. Œuvres complètes, commentées par Auger.
   Paris, Desoer, 1820, 9 vol. in-8. rel. v. rac. fil. dent.
   (Jolies fig.).

358. MONTESQUIEU (Œuvres de). *Amsterdam*, 1765, 7 vol.
   in-12, rel. v.

359. PALISSOT (Œuvres de). *Paris*, de l'imprimerie de Mon-
   sieur, 1788, 4 vol. in-8, rel. mar. r. fil., tr. dor.

360. PIRON. Œuvres complètes, publiées par Ricoley. *Paris*,
   1776, 9 vol. in-8, rel. v.

361. RABELAIS (Œuvres de). *Paris*, Ledentu, 1835, gr. in-8,
   dem. rel. v., portr.

362. RACINE (J.). Œuvres complètes, avec notes par Aimé
   Martin. *Paris*, Lefebvre, 1820, 6 vol. in-8, rel. v., fig.

363. REGNARD (Œuvres de). *Paris*, 1731, 5 vol. in-12, rel. v.

364. ROLLIN. Œuvres complètes, avec notes par Guizot. *Paris*,
   Lequin, 1824, 30 vol. in-8, dem. rel.

365. ROUSSEAU (J. J.) (Œuvres de). *Paris*, Deterville, 1817, 18 vol. in-8, rel. v., fig. de Cochin.

366. SEGUR. Œuvres complètes. *Paris*, Eymery, 1826. 33 vol. in-8, cart., fig. et atlas.

367. VOLTAIRE. Histoire littéraire et philosophique, par Duredant. *Paris*, 1818, in-8, br.

368. VOLTAIRE (Œuvres complètes de). *Paris*, Lefebvre, 1818, 41 vol. in-8, rel. v. r. fil.

HISTOIRE

Voyages.

369. BRISSOT. Voyage dans les Etats-Unis. *Paris*, 1791, 3 vol. in-8, br.

370. CHAUMIER. Carte de l'empire français. *Paris*, 1813, gr. ff. in-fol. col.

371. HESSELN (de). Dictionnaire de la France. *Paris*, 1771, 6 vol. in-12, br.

372. LAPIE. Atlas classique de géographie. *Paris*, 1812, in-fol., cart.

373. LANTIER. Voyages d'Anténor. *Paris*, an VIII, 5 vol in-12, demi rel., fig.

374. MACARTNEY. Voyage dans l'intérieur de la Chine et en Tartarie. *Paris*, 1798, 4 vol. in-8 rel. v., fig. et pl.

375. MEARES. Voyages de la Chine à la côte nord-ouest d'Amérique. *Paris*, an III, 3 vol. in-8 et atlas in-4, br., fig.

376. PARIS (Cartes et plans de).

377. VOYAGES divers, 6 vol. in-8, dem. rel., fig.

Histoire ancienne et moderne de France, etc.

378. ANQUETIL. Histoire de France. *Paris*, Hocquart, 1830, 43 vol. in-18, br., et 2 vol. d'atlas, fig.

379. BARTHÉLEMY. Voyage du jeune Anacharsis en Grèce. *Paris*, Ledoux, 1822, 7 vol. in-8 et atlas in-4, dem. rel., fig.

380. CHAUSSARD. Fêtes et courtisanes de la Grèce. *Paris*, 1821, 4 vol. in-8, dem. rel., fig.

381. DELAVIGNE. Manuel de l'histoire du moyen âge. *Paris*, 1837, gr. in-12, rel. v., fil., tr. dor.

382. DULAURE. Histoire de Paris. *Paris*, Guillaume, 1824, 10 vol. in-8 et atlas, dem. rel., fig.

383. ESPION ANGLAIS (l'). *Londres*, 1784. 10 vol. in-12, dem. rel.

384. HARDOUIN PÉRÉFIX. Histoire du roi Henri le Grand. *Paris*, 1823, in-8 br., port.

385. MERCIER. Tableau de Paris. *Amsterdam*, 1783, 8 tom. en 4 vol., rel. v.

386. MERCIER (L. S.) L'an 2440. *Paris*, an VII, 3 vol. in-8 dem. rel., fig.

387. MILLS (Ch.). Histoire des croisades. *Paris*, de Pelafol, 1835, 3 vol. in-8, br.

388. PERRARD. Précis de l'histoire ancienne et du moyen âge. *Paris*, 1839, 2 vol. in-8, br.

389. RAYNAL. Histoire philosophique. *Genève*, 1780, 4 vol. in-4 et atlas, avec fig.

390. SAINT-FOIX (de). Essai hist. sur Paris. *Paris*, 1776, 7 vol. in-12, rel. v.

Histoire littéraire et bibliographique.

391. DISTRIBUTION DES PRIX des collèges de Paris. Imp. royale, 29 cahiers in-4.

92. DISTRIBUTION DES PRIX des collèges et écoles du gouvernement. 38 vol. in-8, br.

393. FERUSSAC (de). Bulletin des annonces et des nouvelles scientifiques, *Paris*, 1823, 4 vol. in-8, dem. rel.

394. LADVOCAT. Dictionnaire historique et bibliographique. *Paris*, 1822, 5 vol. in-8, br.

395. LOUIS (A.). Eloge de l'Académie royale de chirurgie, de 1750 à 1792. *Paris*, J. B. Baillière, 1859, in-8, br.

396. MODES (l'Observateur des). *Paris*, 1818-22, 8 vol. in-8, cart., fig. en coul..

397. NECROLOGIE, 41 br. in-4.

398. NOTICES BIOGRAPHIQUES sur les médecins. 31 br. in-8.

399. OSMONT. Dictionnaire typographique historique des livres rares. *Paris*, 1768, 2 vol. in-8, dem. rel.

400. PARISET. Histoire des membres de l'Académie royale de médecine. *Paris*, 1850, 2 vol. in-12, br.

401. RENAULDIN (J.). Sur les médecins numismatistes. *Paris*, Jean-Baptiste Baillière, 1851, in-8, br.

402, 402 et 403. UNIVERSITÉ DE FRANCE. 33 br. in-8.

INSTRUMENTS DIVERS

Physique.

404. APPAREIL pour l'écoulement des liquides.

405. BALANCE hydrostatique.

406. POIDS et accessoires de pesage.

407. THERMOMÈTRES et thermoscopes.

408. THERMOMÈTRE différentiel, par Howard.

409. CLOCHE et pièces diverses pour pneumatique.

410. PETIT MODÈLE de pompe aspirante.

411. MANOMÈTRE à air libre.

412. ALAMBIC de distillation.

413. AREOMÈTRE à poids constant.

414. AREOMÈTRE et son pied à cuvette.

415. AREOMÈTRE pèse-sel.

416. ALCOOMÈTRE.

417. AREOMÈTRE à volume constant.

418. AREOMÈTRE universel de Charles, avec instruction et tables par l'auteur.

419. PORTE-DIAMANT et diamant pour la coupe des verres circulaires.

420. DYNANOMÈTRE pour la mesure des grosseurs de lunettes.

421. DIVERS APPAREILS et prismes pour études sur la lumière.

422. MIROIR concave en verre (physique). — Miroir concave métallique (*id.*).

423. PRISMES achromatiques.

424. MIROIR convexe noir.

425. TROIS grandes lentilles d'optique.

426. CHAMBRE claire d'Amici.

427. CHAMBRE claire de Wollaston.

428. MICROSCOPE composé par Charles, avec six objectifs. — Loupe et miroir concave. — Deux micromètres objectifs et un micromètre oculaire. — Et collection de *Test-Object*.

429. OR et argent laminés. — Objets microscopiques et bande sur ivoire.

430. OBJECTIF achromatique.

431. DEUX JEUX objectifs achromatiques.

432. MICROSCOPE simple. (Les objets sont éclairés par une loupe.)

433. MICROSCOPE solaire de Dollond, complet, avec six objectifs.

434. PRISME bi-réfringent.

435. APPAREIL de polarisation, par Pixii (en trois parties).

436. VERRES de foyer (optique).

437. VERRES trempés.

438. PRISMES en cristal.

439. PRISMES achromatiques à deux et trois verres pour liquides.

440. POLARISCOPE.

441. DEMONSTRATION de la réflection et de la réfraction optique.

442. GONIOMÈTRE horizontal et vertical de Malus, par Fortin, pour les cristaux. Division donnant la minute; pied à trois branches.

443. RHOMBOÏDES (modèles en bois).

444. CRISTAL de roche (pour optique).

445. MICA (pour optique).

446. CRISTAL de roche.

Instruments de précision.

447. MICROMÈTRE de Rochon (pour la mesure des distances).

448. MICROMÈTRE de Charles.

449. MICROMÈTRE complet pour la mesure des diamètres.

450. TOURMALINE-MICROMÈTRE.

451. RAPPORTEUR en cuivre donnant la minute, par Lerebours.

452. SPHEROMÈTRE.

Cosmographie

453. SPHÈRE terrestre (géographie).

454. GNOMON (petit cadran solaire). — Gnomon (autre cadran solaire de plus grand modèle).

455. THÉODOLITE répétiteur de Crumpell, à cercle concentrique (bon système, complet, sauf le pied en bois).

Chimie et autres.

456. SUPPORT à coulisse articulé pour lampe de laboratoire.

457. EUDIOMÈTRES et accessoires.

458. ACCESSOIRES d'électricité.

459. DIVERS INSTRUMENTS de petite chirurgie.

460. PIÈCES D'INSTRUMENTS dépareillées.

461. MINÉRAUX. Collection réunie dans un meuble, comprenant cristaux de roche, pyrites, minerais, oxydes métalliques, jaspes, granits, porphyres, mica, agates, etc.

> (On divisera ce lot au gré des acquéreurs.)

462. FOSSILES (Une grande quantité de), réunis dans des casiers, tels que fucus, prêles, ammonites, trilobites, térébratules, trigonia et autres.

> (On divisera ce lot au gré des acquéreurs.)

463. COQUILLES (Collection de), réunies dans des cartons. Coquilles marine, fluviales et d'alluvion.

> (On divisera ce lot au gré des acquéreurs.)

FIN.

TABLE DES MATIÈRES

INSTRUMENTS DIVERS.

Paris. Imprimerie de PILLET fils aîné, rue des Grands-Augustins, 5.